JN439154

포엠포엠
POEMPOEM

2014 Park Sung kyu

오래된 곁눈질

박성규 제8시집

포엠포엠 시인선 005

오래된 곁눈질

박성규 제8시집

■ 자서

가슴에 손을 대어 본다
심장이 팔딱팔딱 뛰고 있다
아직 살아 있었구나

나의 심장은 언제쯤 멈출까
심장이 멈추는 그 날까지
미친 짓이라 하면서도
미친 짓을 일삼고 있으니

여덟 번째 고개를 넘는다
마지막이 언제일지 모르지만
순간순간
그저 최선을 다하며
살 뿐이다

세월이 두렵다

2014년 봄

박 성 규

■ 차 례

제 1부 자화상

제 2부
왕의 길

제 3부
여행자의 눈

제 4부
耳鳴

제 5부
불빛 세상

제1부

자화상

꼴찌 인생

초등학교 운동회
달리기경주 여섯 번 모두 꼴찌였다
그냥 달리기만 하였고
전력 질주할 생각은 애당초 없었다
어떤 아이는
공책이나 연필을 받으려고 뛰었다지만
전력 질주하다가 엎어지면 어쩌랴
다른 아이들과 부딪혀서 넘어지면 어쩌랴

조무래기들하고 뜀박질할 시간도 없었고
운동선수처럼 달리기할 시간도 없었고
꼴찌끼리 모여서 꼴찌를 가린 적도 없었지만
일등이라 해서 진정 일등이 아니라면
병치레 않고, 사고 당하지 않고
오십년 넘도록 꼴찌같이 살아도
꼴찌는 아닐 터

조무래기 시절이 그립다
꼴찌로 정년퇴임 할 수 있도록 기도한다

단골메뉴

주머니에 손을 푸욱 찔러 넣고
시선을 땅에다 깔고 걷는데
선거운동원이 명함을 건네주었다

시선을 외면한 채
명함을 건네받고는
길만 계속 나아갔다

들려오는 유세소리도 귀찮았다
건네주는 명함도 귀찮았다
늘 치르는 선거
올해도 예외는 아니었다

번지러한 거짓말은
그들의 단골 메뉴
얼마만큼 속아줘야 되는가

길거리마다 길모퉁이마다
선거 운동원들이 유세를 한답시고

검문요원처럼 진치고 있었다

십년이 넘도록
번드리한 명함도 없이 사는데
건네받은 명함을 땅에다 버렸다

땅은 우리를 속이지 않는다는데
땅한테 유세를 하는 편이 나을 것 같았다
선거가 끝나도 땅처럼 살아가길 바랐다

숨은 그림 찾기

숲속으로 간다
숲은 벌써 나를 품은 모양이지만
나는 아직 숲이 되지 못했다

안개가 밀려왔다가고
이슬이 촉촉하게 내리고
내 눈에 보이는 것은 숲뿐
숲에는 풀벌레 울음까지 빼곡했다
새소리 바람소리까지 합세하였다

숲에서 나는 나를 바라보지 못했다
이미 숲이 되었기 때문이다
숲은 내가 아니기 때문이다

숲에서 당당하게 말했다
내가 없다고,
누군가가 숲에게 말을 걸겠지만
숲은 숲끼리만 이야기 했다

나무와 나무사이 풀과 풀 사이
시간이 멈추어서면
그때서야 나를 찾을 수 있을까
숲에서 벗어난다 해도
숲으로 남고 싶은 마음에는 숲이 없다
숲이 되고 싶었다

장염

허구한 날
간혀서도
스스로 빠져 나가지 못했던 것들
한순간에
정신없이 빠져 나갔다
탈진이었다
일부러
비우기도 한다는데
고맙게도
저 스스로
속을 비워 주는,

자화상

큰애는 머슴애
작은애는 계집애
남부럽지 않게
두 아이를 키웠다

아들은 애미 닮고
딸은 애비 닮는다는 말대로
큰 애는 지애미 닮고
작은 애는 날 닮았다

저렇듯 유전 법칙이 통한다고 하나
자랄 땐
외탁했다는 소리를 들었는데
나는 어땠을까

지금 아버지 가신 길
따라가고
있는
중

手話하는 사람을 보면서

소리를 듣기 위해 귀를 쫑긋 세운다
중이염을 앓은 이후
고막이 천공된 채 살아오지만
가는귀는 거의 귀머거리

쇠망치소리, 셀터 이동하는 소리
트랜스포터 움직이는 소리
어지간한 사람도 굉음 속에서 일하다 보면
난청환자가 되어 나오는데
50db 이하 소리는 듣지 못하는 나
난청환자가 될 염려는 없다

누군가 부르는 소리에는
직감으로 감지하며 살고 있지만
다른 한쪽 귀마저 소리를 들을 수 없다면
미리 수화라도 배워두어야 할까?

듣기 싫은 소리들
너희는 들리지 않아서 좋다

좋고 나쁨의 경계는
귀가 어떻게 쫑긋거리느냐에 달라지겠지만
수화를 하는 사람들이 정감이 가는 것은
가는귀를 먹어서 그럴지도 모를 일

알 수 없는 일

2012년 9월 27일
머니투데이 신문 23면 People란
상단 가장자리
내 이야기가 기사로 실렸다

어머니는
아들 소식을 어디서 들으셨는지
아들 죽었다는 소식으로 알고
온종일 울고 계셨단다

생면부지 사람들이 전화를 걸어 와서는
축하한다는 멘트로 귀를 울렸지만
겨우겨우 어머니와 전화를 연결했는데
첫마디가 "안 죽었구나!" 하신다

휴일에 찾아뵙겠다고
겨우겨우 달래서 진정시켜 드렸지만
신문기사로 나온 것을
어머니는 간밤에 꿈으로 보셨던 것일까

퇴근길 발걸음이 무거웠다
온종일 전화기소리로 지쳐버린 귀에
어머니 목소리가 들렸다

구독 신청도 하지 않은 신문에 실린
나의 이야기
활자로 살아서 찾아올 것만 같다

脫殼

영혼을 비워낸다
쭉정이가 되기 위함이다
쭉정이를 버리면
빈 쭉정이가 될 거라고 생각했다

비워내는 일도 힘겨운 일
비우면 채울 수 있다는 공식 앞에서도
채울 수 있는 기회나 능력이 없다

쭉정이는 쭉정이 일 뿐이다
신문지상에서 활보하는 활자도
결국은 쭉정이 모습을 재현해 낼 뿐,

버린 영혼 속에는 쭉정이만 담겨 있다
그런 쭉정이가
허공을 떠돌아다니다가 어디에서 안착을 하랴만
강물에 휩쓸려 간대해도
태풍에 날려간다 해도
남아 있는 쭉정이는 영혼이 없는 것

아니다 살아서도 쭉정이다
홀씨가 될 기회를 잃고
방황하고 있는 것이다
끝까지
쓰레기는 아니라고 우길 것이다

기둥

이 악물고 살기위해
임플런트 시술을 받았다

주춧돌 공사만하고선
기둥은 나중에 세운다고 했다

기둥이 없는 자리
무엇인가가 성가시게 했다
한동안 기둥 없이 사는 것 때문에
신경 곤두세우며 살았다

기둥을 세우는 날
해탈의 의미를 느낄 것 같았다

기둥이 무너지면 허사가 되는 줄
인제서야 깨달았다

불안한 명절

명절을 앞두고
선물 준비에 고심을 한다
어떤 선물이 좋을까

넉넉하지는 못하지만
때가 때인 만큼 준비를 하긴 해야 하는 것

금액은 적어도
부피가 큰 것으로 준비를 할까
기름처럼 가벼운 것으로 준비를 할까

유가가 폭등한 요즘
기름 주유권이 더 좋을까
백화점 상품권이 좋을까

선물은 정성이라 하였지만
보너스 나오는 날만 손꼽아 기다리지만

내심 불안 속에서 명절을 기다린다

무한도전

늦가을 비에 무지개 떴는데

무지개를 두고 햇살과 바람
서로 영롱하다고 싸움을 하네

괜스레 미안한 무지개
제 모습 감추려
먼 산 너머 도망가 버리고

남아있는 햇살과 바람
멀뚱멀뚱한 눈으로
다시 가을을 지키네

해탈해야지

천정에 매달린 시간
기척도 없다
심장이 멈추었다

두 손을 가슴에 얹어도
심장의 박동이 없다
숨이 멎어 있다

박동이 없음은 이미 죽은 것
삶의 끈을 놓지 않았는데도
오늘은 박동이 없다

잠이 오질 않아 천정을 응시하고 있지만
시간 속에 갇힌 식물인간이 된 지금
아침쯤이면
미라로 남아 있을 것 같은 밤

해탈해야지

고추잠자리

38도가 넘는 뙤약볕 내리쬐는
버스 승강장 낡은 벤치에 앉아서
가을로 가는 버스가 올 때까지
시집을 읽었다

목적지가 다른 버스가 지나갈 때마다
시집속의 활자가 우두둑 떨어졌다
사람들은 떨어진 활자를 디딤돌 삼아
질근질근 밟으며 타고 내렸다

얼마나 앉아 있었을까

페이지 끝이 보이고,
시집사이에 검지를 끼우고
가을행 버스가 오는지 둘러보려 일어서는데
살인 열기는 계속 앉아 있으라고
손가락을 깨물기 시작했다

버스는 오지 않았다

깨물린 손가락엔 피가 흘렀다
이미 온도는 40도를 넘어 기록을 세웠고

더 이상 승강장 벤치에 앉아 있을 수가 없어
되돌아오고 말았지만

검지에선 피가 계속 흘렀고
그늘하나 없어 속만 태 우는 승강장에는
빨간 시집만 파닥 거렸다

연

연 날리고 싶다
가오리연이던 방패연이던
광활하게 펼쳐진 동해 하늘에서
연 날리고 싶다

동해에는 전신주도 없고
탱자나무 울타리도 없다
걸림이 없다

대나무를 잘라 댓살 만들고
밀가루 포대 뜯어
보리밥풀로 연을 만들어도
실이 없어서 허탈해 한 적도 있지만

새해 첫날에
눈비만 오지 않는다면
연을 만들어 날리고 싶다
유년시절 꿈을 둥둥 띄워서
해에게로 가고 싶다

목욕탕에서

“음밀함” 이라는 단어에
호기심이 들었다

침이 고이고
말을 더듬고

발가벗어도
부끄러운 줄 모르는 세상이지만
거울 앞에만 서면
뒷머리 끌쩍이며 마주치는 단어

가리고 싶어지는 마음이
은밀함일까

장마

두어 달 불볕더위 속
간신히 내린 소나기로는
입술 적시기도 부족한 날

감칠맛 나서 욕을 해대었더니
분을 삼키지 못한 구름이
몇 며칠 울어버렸네

제2부
왕의 길

낭산의 봄*

봄이 지나가는 자리
꽃도 피었다 지고 있었다

보문에서 밀려온 아지랑이
낭산 겨드랑이를 파고들었다

남촌마을 들녘을 가로지르는 봇도랑
가을을 꿈꾸는 몸부림으로 흘렀다

모내기하는 손도 바빴다
도망다니는 개구리도 바빴다

찔레꽃 하얀 이빨
싱글싱글 들어내었다

선덕이가
아버지를 불렀다

* 낭산 : 경주 배반동 소재, 사천왕사지 선덕여왕릉, 능지탑등 유적이 있음

꿈

지족암에 들렀더니
스님께서 차를 내어 주셨다
차의 김이 안경에 서렸다

잠시 머뭇거리는 사이
보살님이 매화 꽃잎을 띄워 주셨다
갈 길 바쁜 나그네에게
버들잎 띄워주었다는 이야기 같았다

향기가 자그르르 퍼지고
이내 입안은
녹차향 대신 매화 꽃향기에 물들었다

급하게 마시지 말고
천천히 쉬었다 가라는 뜻인지
녹차맛과 매화 꽃향기 중
어느 것이 맛이 있는지
서로 견주어 보라는 뜻 같았지만

향기에 취하니 시간마저 잃어 버렸다
무릉도원의 한 때였다

監室佛像 앞에서 · Ⅵ

경주남산 佛谷 監室佛像 앞에
은사시나무가 산다
은사시나무는
저 스스로 바람소리를 내어
온 산에다 내가 왔음을 알려준다

등산객이 많지 않은 계곡이지만
간간이 찾아오는 등산객들에게도
내가 찾아온 것처럼 반겨 주었을까
불곡의 평화는 천년이 넘었는데
다시 천년이 지나 찾는이도 반겨줄까

문화제 해설사도 없고
산불 감시원도 없고
오직 은사시나무 몇 그루만 있어도
저절로 극락세계가 되는 불곡

세월을 부둥켜안은 은사시나무
잎사귀 사각거리며
오늘도 감실불상을 지킨다

浮石

바위에 빨대를 꽂고
바람을 불어 넣으면
둥실 떠오를까

바위에 빨대를 꽂아두면
바람이 빠지면서 풍선처럼
날아다닐 수 있을까

부석이란 이름으로
떠 있다는 저 돌
부석사에도 있고
경주 남산에도 있지만

호흡을 하고 방귀를 뀌어도
꿈쩍도 않는 나
무심한 바윗덩어리

보물찾기

내남 새마실에 연기를 피워 올리는 집이 있었다. 김동리의 소설 무녀도의 배경마을이라, 다 자란 후에 들은 적 있지만 어릴 적 저녁 무렵은 쇠죽을 끓이고 군불을 지피는 아궁이에 땅거미가 몰려들면 동네는 금방 연기 속에 갇혔었다

끼니 연명이 어려웠던 시절, 남의 집 눈치 본다고 일부러 아궁이에 불 질러 대기도 했다는데 오늘 피어올랐던 저 연기, 쇠죽을 끓여서 피어올랐을까, 군불을 지펴서 피어올랐을까, 돼지불알 소불알 삶고 있었을까,

해질 무렵 을화의 혼백처럼

넘실넘실 피어오르는 연기를 만나 급브레이크를 밟거나 가속 페달을 밟을까 두렵지만

증명할 길 없다해도 예나 지금이나 새마실은 금오산이 부른다고 연기를 피웠는지 모른다

야간 산행

달이 사각거리는 소리를 들으며
찾았던 날이 초행길이었지만
삼십년은 더 지난 오늘은
진달래 한아름 피워서 맞아주네요
산새들이 환영해 주네요
은사시나무들도 손을 흔드네요
천년이 팔딱거리네요
人傑은 오간데 없다하나
누군가의 손길로 태어난 모습
그대로를 간직하며 반겨주네요
나는 앞으로 삼십년도 못 다니겠지만
나보다도 더 오랜 세월을 지켜줄 인연들이
골짜기사이에 살고있네요
빼곡하게 살고있네요
정말 아름다운 산행이네요

에밀레

한탄스런 천년을
가슴치고 살았는데

그 가슴 치지 못해
가슴이 더 아프다하네

윤회

절망을 만나기 위해
해오던 일
손을 놓았네

한동안 편하다 싶었는데
다시 손에 잡힌 것
절망이었네

수련

옹자배기에 발 담그고 서 있는
연,

무릎까지 물 찰 날 기다리며 힘겹게 서 있는
연,

풍경소리에 눈 흘기며 고개를 흔들어 보는
연,

법당 앞 水蓮이 수련 중.

국도 한 토막을 생각하다

수양버들 듬성듬성 서 있는 가로수 사이로
검정고무신을 신고 걸어갔던 길

합승버스가 지나갈 때마다
뽀얀 먼지를 덮어 쓰면서 걸어갔던 길

찬바람이 씽씽 불면 바람피할 곳이 없어서
자라모가지를 만들고선 뒷걸음질로 걸어갔던 길

움푹 팬 웅덩이를 피하기 위하다가
之자로 걸어갔던 길

빈 도시락 소리를 숨겨 가면서
소달구지 꽁무니를 따라 걸어갔던 길

반딧불 따라 걷다가 뛰다가
도랑을 뛰어넘어서까지 걸어갔던 길

봄이면 코스모스 모종을 심어서

가을이면 꽃길이 되어서 걸어 걸어갔던 길

아스팔트 포장을 하고 난 후는
자전거를 타면서부터 걸어가지 못했던 길

노선버스가 생겨서
더 이상 걸어가지 못했던 길

이미 내가 살지 않는 곳이라
걸어가지 못하는 길

꿈속에서나 생각하고
꿈속에서나 걸어갈 수 있는 그 길

쉽게 버려진 시간 속에 버려버린
35번국도 한 토막 길

식목일

식목일은 휴일이 아니다 학창시절 식목일 날이면 야산으로 가서 나무를 심었다

힘에 부치는 괭이와 삽질로 철모르고 두어 그루 심으면 의기양양했었는데 식목일조차 휴일에서 사라진 지금누가 나무를 심으랴

어느 순간부터 탈모가 심하다 머리를 감을 때마다 한 움큼씩 빠진다

빠진 머리카락이 세면대 배수구를 통해 사라질 땐 한 숨만 푹푹 쉬었다

원인이야 둘러대면 수 만 가지는 되겠지만 탈모로 인한 자리가 벌거숭이 민둥산 같다

누가 머리카락을 심어주랴

벌목작업도 저렇게 할 수는 없을 거다

듬성듬성 서 있는 몇 가닥의 머리카락
남아 있음이 안쓰럽다

내 머리에도 식목일이 없는데 가발의 힘을 빌려야 하나, 이식 수술을 시도해야 하나,

대머리는 아니라 해도 남아 있는 머리카락들 저 산에서 살아남기 위해 안날하는 나무 같다

왕의 길

1

해를 건져 올린 아침
왕의 길을 걷기 위해 집을 나섰다
가는 길에
대왕암 앞에서 생수병에 동해를 퍼 담았다
출렁거릴 때마다 동해가 움틀 거렸다
병 속에서 멀미할까봐 걱정이 되었다
한여름을 몰아낸 매스꺼운 바람이
나뭇잎을 훑으며 스쳐 지나갔다
집을 나선 순간부터는 고행이었다

2

기림사에 당도 하였다
먼저 건칠보살상을 찾았다
등산화 끈을 풀기 싫어서
법당 밖에서 합장을 하고 기도를 했다
한숨 한 번 몰아쉬고 고개를 들어
법당안 보살상을 한 번 보고
그러기를 세 번 하다가

소원을 빈다는 것도 잊어 버렸다
바람에 촛불이 비틀거렸다
내 삶도 저 촛불같이 위태로운데

인생은 늘 위태로운 것인데
촛불을 보고서야 위태롭다는 것을 인식했다
六識의 무능을 실감했다
중생의 근기를 탓하다 말라는 부살상 옷자락이
바람에 펄럭거렸다

3
용연폭포로 가기 위해 샛길로 빠져나왔다
빙, 둘러가지 않고 대숲사이로 난 샛길을 택하고 보니
어느 정도는 요령을 피우며 살고 있음이 분명했다
봄여름가을겨울 같은 날에는 한 번도 가지 않았으므로
순간순간이 새로운 길, 폭포로 향했다
단풍이 덮고 있는 길이지만
구절초 일행이 길섶에서 손을 흔들고 있었다
폭포에 도달하니 가뭄이 심했었는데도

여전히 시원한 물줄기를 쏟아 붓고 있었다
그 옛날
할애비의 할애비의 할애비왕이 앉았넌 자리에 걸터앉아
생수병에 가둬두었던 동해를 폭포수에 부었다
비로소 하나가 되어 대종천을 향해 흘렀다
물이 동해에 다다를 무렵이면

집으로 돌아갈 수 있을 것 같았다

4

나는 왕이었다
출신성분을 보라
분명 성골성분의 후손이다
그런데도 내가 왕인 줄도 모르고 살아가고 있다
역사 속에서 신문왕을 만나고 문무왕을 만나도
그들이 다녔던 그 옛날 길이 아닌
지금 내 앞의 길
왕의 길
지금 나는 왕이 되어 길을 걷는다
나는 왕이다

오래전 사월

오래전 사월
눈 내렸다고 호들갑 떤 적 있다

사월에 눈 내리는 광경은 좀처럼 보기 힘들지만 올해도 그때처럼 눈이 내렸다

고속버스를 타고 서울로 가는데 차창 밖이 하얀 눈으로 덮였다 논밭도 동리도 산들이 하늘이 되었다

그런데도 고속버스는 눈 사이로 잘도 헤집고 나갔다 비틀비틀 미끌미끌 가야할 그 곳을 향해 부지런히 갔다

눈이 눈 안에 가득 찰 무렵 잠이 들었다 꿈속에서도 사월의 눈이 폴폴 날렸다

오늘 밤 TV는 눈 이야기를
극성맞게 할 것이 분명했다

그리움

반딧불을 보지 못했다
기록에 남을 만큼 더운 날씨 때문이었을까

반딧불 없는 여름 쓸쓸했다
그 사람 눈동자같이 반짝거려야 하는데
그 사람이 없어서 반딧불도 없는 것일까

지상의 반딧불은
모두 무주구천동에 모였는지
구경조차 못하고 보낸 여름
마냥 아쉽다

행여, 그 사람 등 뒤에 숨어서
숨바꼭질 하는 것인지

괜스레 그 사람도 보고 싶다

소나기

산 넘어 온, 구름 하나 걸림도 없어
참, 살기 좋은 곳이라 여기던 하늘 버리고

뙤약볕을 피해 터 좋은 곳에서
잠시 쉬어 갈 거라고 예까지 왔는데

바람 불 때마다 송알송알 맺힌 땀을
우두둑 떨어뜨리는 슬픔을 안고 배회 하네

시간의 뒤편

이윽고 물들기 시작했다
드디어 물들기 시작했다

새순 돋은 날이 어저께 같은데
새순 돋은지가 수개월이나 지났는데

벌써 물들기 시작하는 것들
때가 되어 물들기 시작하는 것들

시간과 시간사이에서 졸졸졸 따라온 기억은
어디에도 남아 있지 않았다

그림자 꽁무니를 잘근잘근 밟아대는 기억은
길 잃은 시간 속에 남아있었다

제3부
여행자의 눈

운주사 와불 · 1

다정하게 누워 있는 저들
봄비가 주절주절 내리는 오월
그날도 저들은
비를 맞고 누워 있지만

맑은 날
별이 반짝반짝 빛나는 하늘을 보면
얼마나 좋을까
별똥별이 떨어지는 광경을 보면
또 얼마나 좋을까

나도 저들 옆에 누워서
그런 광경 보면서 살고 싶다

와불이 되고 싶다

운주사 와불 · 2

원래 부처는 한사람인데
過去七佛이 있었다해도
現世는 한사람뿐인데
왜 운주사 와불은 둘일까

수차례 다녀왔지만
이유를 알기까지 또 다녀오겠지만
공양주도 아니고 오누이도 아니고
혹시 모르지
열반에 든다고 버렸던 부인이 찾아 왔을지도

그래도 그것은 이유가 못된다
누워있는 것인지 잠들어 있는 것인지
해탈한 것인지도 모르는 지금

옆에 나란히 누우면
그 이유를 알 수 있을까

운주사 와불 · 3

모여라,
모여라 중생들이여,
잠들어 있는 와불을 깨우자
깨워서 벌떡 일어나게 하자

제 아무리 잠귀가 어둡다 해도
시방삼세를 찬탄하고
장엄한 게송으로 허공을 흔들면
메아리가 메아리로 퍼져
千塔千佛을 못다 채운 체 잠들었다가
새벽닭이 울어서 도망간 그 행자가
돌아오도록 하자

말로는 千塔千佛이지만
모자라는 그 한 基를
지금 내가 완성하고 싶지만
인연이 닿지 못해 그러하지 못하니
찾아온 발걸음 무겁다

와불을 깨우자, 깨워서

나를 반기게 하자
남은 한기가 와불이었다면
지금 내가 행자가 되어야 함이니.

무장산 산행

외로웠다
바람소리만 들렸다
바람만 불었다
바람만 살고 있었다
바람이 없었더라면 누군가가 습격할 산
단단히 무장하고 있는데
늦은 오후에 나선 길 그 사람의 흔적이
억새더미 속에서 바스락거려도
소통이 끊어진 곳

GPS 수신도 없다
안테나도 없다
그야말로 외로워 버린 곳
소통을 위해 되돌아 나오긴 했지만

그 사람 흔적 찾아 나섰던
동대봉산 무장봉 산행 스산한 바람이
뺨을 스치고 지나가곤해서
외로웠다

영월 가는 길

인삼 냄새가 나고
사과 향기가 있는
누런 벌판을 지나간다

은행나무가 손 흔들어주는
노란길로 간다

영주에서 풍기로, 풍기에서 영월로

자동차 행렬을 피해
백두대간 마구령을 넘어 영월로 간다

해발 몇 미터쯤 될까
우거진 숲길 단풍 터널로 지나건만

영월 가는 길 참 험난하다

영월에는

단풍잎 수만큼 시가 있다
몰려든 사람들이 지나간 길
시가 아우성이다

좁은 골짜기를 헤치고 나온 詩들
동강동강 잘려 나가 흐르는 詩들
난고가 삼천리를 떠돌며 내뱉었던 詩들
바람에 하늘거린다
잎사귀를 떨구는 코스모스 꽃등에 올라앉는다
질펀하게 흘러가는 강물에 휩쓸린다

밤이 깊어 가면
별빛이 길바닥 위에 쏟아지고
은하수가 모두 詩가 될 것 같은 영월

도벽이 도진 밤 방방곡곡이 詩다

소금쟁이

망우공원 부근
어느 식당 앞 이끼 핀 연못

가뭄 탓에
거의 바닥을 들어낸 그 곳에
쓰레기마저 둥둥 떠 있어
연못이라 부르기도 뭣한 곳

그런 연못에
소금쟁이가 놀고 있었다
한두 마리가 아니다
대가족 수만큼은 보였다
1급수에나 사는 소금쟁이인데
이런 연못에서 산다는 것이 신기했다

일부러 잡아다가 연못에 넣었을까
정말로 연못이 깨끗해서 살고 있을까

소나기 피하려 되돌아왔지만

소나기로 인해 물이 불어서
금호강으로 떠내려갔을까

아니면 물이 더 졸여져서
연못 바닥에 소금이 쌓일 때까지
기다리는 것일까

수옥폭포*

사냥 도구는 휴대폰과 하모니카 뿐
사냥감도 정하지 않고 나섰지만
가끔은 제대로 사냥답게 한 적도 있었다

해가 뉘엿뉘엿 지는 시각
3번 국도를 따라 가다가
폭포 한 마리 잡아 배를 따보니
여름 내내 집어삼킨 더위와
칼칼한 돌풍 천둥이 가득 차 있었다

새재를 넘던 사람들이 쉬어 갔을 곳
예나 지금이나
得音을 위해선 폭포 뱃속을 뒤집어 봐야 하지만
하모니카 소리에 기죽는 폭포이고 보면
저도 저녁을 맞는 순둥이였다

어느 호젓한 강둑이나 한적한 바닷가나
수풀 우거진 숲속에서
사냥할 거라고 생각 했었는데

뜻하지 않은 폭포사냥을 마친 배, 허전하다

* 수옥폭포 : 충북 괴산군 연풍면 원풍리 소재

羅濟通門*

언제부턴가
소통이 끊어져 있었다

양보와 인내를 잃어버린 마음은
구천동을 떠다니는 귀신이었다

시작은 작은 미로였지만
이제는 막혀버린 곳

시간이 흐를수록
소통이 된다고 느꼈었는데

이쪽저쪽 다른 풍습에
어찌지도 못하고 끊겨 버렸다

소통하기 위한 우리 사이
羅濟通門이라도 뚫을까

시간이 얼마나 더 흘러야

소통이 원활해질까

* 羅濟通門 : 전북 무주군 설천면 소천리 소재

바람이 드나드는 길은 마르다

며칠 동안
코 안이 바싹바싹 마르다가
끝내 코피를 쏟고 말았다

후비지도 않았고
마른 코 몇 번 푼 것이 전부인데
실핏줄이 터지고 말았다

터진 자리 아물도록 기다리다가
찝찝함을 견디지 못해 후비다 보니
아물기는커녕 덧나기만 했다

그럭저럭 한고비 넘기고
맑은 바람 한줄기 흡입하지만
다시 마를까봐 염려되는 길
늘 말라 있어야 하는 것일까

입술도 바람에 시달렸는지
까실까실 했다

여행자의 눈

서쪽하늘 큼직한 별 하나 떴다

그 별은, 별이 아니었다

세상을 두루 보고 싶은 나의 눈이었다

살면서 살아오면서 태어나 자란 동리나, 주거지를 정해놓고 사는 여기가 아니라 아직 가보지 못한 곳을 보고 싶어 부릅뜬, 나의 눈이었다

여행이 좋아도 자주 다니지 못해
혼자 낯선 곳을 이따금 다녀오긴 했어도
세상을 두루 살펴보고 싶은 마음 꿀떡같아

오늘 밤에도 부릅뜬 나의 눈이었다

어느 곳을 내려다볼까
사람들은 그 눈을 샛별이라 불러도
새벽까지 견뎌낼지가 걱정이지만
부릅뜬 나의 눈, 여행자의 눈이다

오래된 곁눈질

낙동이란 이름표를 달고
흐르는 강이 있다

구상문학관 사랑방에 앉아
한 때는
구상시인이 멱을 감았을 거라고 추측하면서
을숙도 철새 구경하러가는 강물을 바라본다

왜관다리 아래
달빛이 약목이나 석적 쪽에서 몰려들면
세월을 묻은 모래가 쓸려가다 멈춘 자리에
물새가 둥지라도 틀었을 것 같아
괜스레 강바닥을 훑어보고 싶은 충동을 느낀다

바람이 불 때마다 출렁거리는 시간
황지연못에서 일어났던 일이나
김해 쪽 하구언에서 일어 날 일이나
어느 것 하나 관심두지 않고
오직 갈 길 정해져 있다고 흐르는 강물

오늘도 구상시인이 헛기침하며 강둑을 걸어도

육이오의 처참한 기억이 생생하게 떠오르는데도
낙동이라는 이름표를 달고 흐르는 강은 말이 없다

지도책에 덩그마니 이름만 남겨 놓고
물빛에 물든 햇살을 따라
하와이를 돌아 다시 올 기백으로 흘러간다
게으름 없이 고행의 길을 간다

철지난 단풍

나뭇가지에 새가 앉아있다
봄에 와서 녹음 무성했던 계절 다 지나도
떠나지 않고 앉아 있다

저 새도 어김없는 철새
제 고향에는 언제 돌아가는가,
돌아갈 준비해야 할 시간인데
아직은 그대로 앉아 있다

이슬을 먹고

뙤약볕을 먹고

바람을 먹고

시간을 먹고 살았는데

바람이 부는 날 떠날 거라고
미련 없이 떠날 거라고만 하던 새

갈 때 아름답게 보이려고
형형색색 옷으로 갈아입고 떠날 새

제 고향으로 돌아가면
무엇을 먹고 살까
새 주위로 가을이 빙글빙글 돌고 있다

다시 우포

우포늪 한 바퀴
제대로 돌 거라고 욕심을 내어 걷다가
네 개 못 중
제일 작은 못하나 제대로 돌지 못하고
못 둑에 주저앉아 버렸다

날아가는 새가 힐끔거렸다
발목 빠진 새도 쳐다보았다
부끄러워 아무렇지 않은 양
석양을 향해 돌을 던지며
능청 떨면서 못을 바라보았다

한참 후
돌에 맞은 하늘이 피를 흘렸다
우포가 붉게 물들었다
늪에서 새들이 사라졌다
기겁하고 도망쳐 나왔다
다시는 우포로 돌아 갈 수 없었다
지도에서 지워야할 지명이었다

팔공산의 밤

팔공산 기슭에 앉아서
詩를 벗긴다

자꾸 벗기다 보면
언젠가는 팔공산도 민둥산이 될 터

표가 나지 않도록
나뭇잎에 매달린 이슬부터 벗긴다

몰래 벗기라고 별마저 꽁꽁 숨은 밤
배운 도적질로 詩를 벗기지만

팔공산은 꿈적도 않고
새벽잠 잔다

벗긴 이슬이 눈물 흘려도
팔공산은 말이 없다

가을여행 · 1
— 가수 백영규의 〈얼룩진 상처〉를 들으며

KTX를 타면
비둘기호보다 더 느리게 달렸던 열차가 생각난다
콩나물시루 같은 객실 승객 틈에 끼어
신발을 잃어버리기도 했고
종착역에 도달해서도 빠져나오질 못해
다음 정거장에서 내려 되돌아오기도 했었다

KTX를 타면
경주를 지날 때마다
동대구를 지날 때마다
김천을 지날 때마다
대전을 지날 때마다
천안을 지날 때나 광명을 지나갈 때면
놓고 가는 물건이 없는지
목적지까지 안녕히 가라는
승무원의 친절한 안내방송까지 해 주어서
잠까지 편안하게 잘 수 있는데

KTX를 타면 비둘기호보다 느렸던 열차가

자꾸만 생각이 난다

얼룩진 상처로 남은 그 열차를 타고
가을 여행을 떠나고 싶어진다

가을여행 · 2

— 가수 방실이의 〈들꽃처럼〉을 들으며

KTX를 타면
휴대폰 창고에 처박아둔
오래된 노래를 끄집어 내리라

16량 객실 좌석수보다 더 많은 노래가
먼지를 뒤집어쓰고 있었는데도
가까이하지 못했던 노래

KTX를 타면
하나하나 끄집어내어 먼지를 털어 주리라

어떤 노래부터 끄집어내야할지
순서는 정하지 않았지만
시속 300km로 할퀴는 바람소리도 무시한 채
눈을 지그시 감고 노래를 들으리라

단풍이 절정인 계절에
단풍놀이 못간 아쉬움 달래며
잊혀져가는 노래를 들으리라
그저 들꽃처럼

제4부
耳鳴

동백

엄동설한 마당에
똥을 싸기 시작했다

肉慾이 왕성한 봄날이 되면
마당에 더 많이 쌓일 터

어머니도 안 계신
빈집

붉은 저 피 똥
누가 치울까

폭포 이야기

몇 차례 밀려온 한파로
얼었다 녹았다 반복하다가
자박자박 내딛는 걸음으로
하얗게 내린 눈 사이로 숨다가
눈 녹은 자리는
돌들이 자리를 지키고
방해하는 것들이 참 많아도
그 사이를 비집고 들어가
스스로 고행의 길을 선택하더니
결국은 저도 몰래 떨어져
목숨을 잃고마는 낭떠러지
그 곳을 향해 가는 것이
진정 삶인가, 운명인가

코스모스

푹 삶은 코스모스 물이
진딧물 박멸에 좋다는 이야기를 들었다

시골 산다고 어느 누가 내게
코스모스를 베어 오라는 부탁을 해 왔다
지천에 널린 것이 코스모스가 아닌가

진딧물 박멸에 특효약이라면
너도 나도 다 베어서
코스모스가 사라질지도 모를 일

탐스럽다기보다는
애처롭게 하늘거릴 모습을 생각하면
꽃잎에 앉아 쉬어갈 고추잠자리를 생각하면
코스모스를 벨 용기가 나지 않았지만
부탁을 받은 만큼 코스모스를 베려니
몸이 말을 듣지 않았다

철 잃고 핀 코스모스 한 송이가
나를 보고 빙긋이 웃고 있었다

耳鳴

소쩍새 소리가 들렸다
빛 속에서 울음이 파닥거렸다

삼동겨울이 지나고
우수 경칩이 다가올 무렵부터
산책삼아 조깅을 하지만

뜀박질할 때마다 가쁜 숨이
목까지 차올랐다

그럴 때마다 뱃속에서는
소쩍새가 울었다

청문회

들꽃 이름을
남들 보다는 좀 안다고 생각했는데
따지고 보니 아는 게 없다

그냥
철따라 피었다 지는 것만 알았지
구분도 하지 못하면서 아는 척했다

제각각 이름을 불러 주지 않아도
수많은 들꽃들은 입 다물고 조용히 사는데

유별스런 몇몇 꽃들은
빌딩 사이를 오가면서도 늘 시끄러웠다

시끄러운 저 꽃들이
조용한 꽃이 더 많다는 것을 알기나 할까
시끄러운 저 꽃도
따지고 보면 다 들꽃들인데

단풍

며칠째 바람이 불었다
원하지 않는 바람이 계속 불었다
하늘이 바람났는지
을씨년스런 구름도 한 몫 거들었다
흡연의 벌칙으로
문을 열고 밖으로 나가야 했다
평소 부드럽게 열렸던 문도 잘 안 열렸다
바람이 문을 닫고 있었다
아귀힘이 얼마나 센지 사력을 다해
문을 열고 나갔건만 바람 잔잔한 곳이 없었다
그래도 바람이 잔잔한 곳을 찾아야 했다
담배를 물고 라이터 불을 붙이지만
바람이 불을 꺼버렸다
입에 문 담배에는 침이 흥건히 흘러 내렸다
불붙이는 일에도 사력을 다해야 했다
몇 번이고 반복했다
죄 없는 라이터를 두들겨 패가며 불을 붙였다
칠전팔기 시험당하는 기분으로 겨우 불을 붙였다
먼 산 온통 불바다로 변했다

가을 가뭄

들판이 말라붙고
저수지가 말라붙었다

마른 상태로 건드리면
참기 힘든 아픔이 생기는 법

하늘도 무심하지
어디를 애무를 해야
저것들 축축해질까

백일홍

배롱꽃 핀 길 지나간다

붉은 꽃만 아니라 형형색색 피었다

지나가길 잘했다고 꽃들이 함성을 질렀다

백일이나 저렇게 살아서
너를 백일홍이라 부르지만

너 때문에 기분 좋은 길
또 지나가고 싶다

분꽃

누군가 장독만한 화분에
꽃을 심었네

밑거름을 잘 주었는지
육척 키에 꽃도 수백 개가 넘었네

꽃이 진 후, 씨앗을 따 모아
분가루를 만들어 분 바르려는가
바람 불 때마다
제 몸 추스르기 버거운지
비틀거려도

너를 심은 사람이 어여쁜 아낙네였을까?
아침 이슬 머금고도 유난히도 눈길 주네

말복

오늘도 얄팍한 입술로
종일 뭍사람들과 씨름을 했다

더러는 거창하게 더러는 비굴하게
가진 무기가 입 뿐인데 어쩌랴
주어진 일 해야 하고
닥친 문제 해결해야 하니
내 손에 잡히는 것만
내 것이라고 여길까

오늘도 마른하늘에서
장대비가 내려주길 기다리지만

한마디 쏜다
다 부질없는 일이라고,

능소화의 변명

씨앗을 영글어야 하는데도
주홍색 치마를 뒤집어쓰고
꽃다운 생을 마감하려 투신하는
능소화의 속마음을 아시는지요?

수다스런 골목길이 궁금하다고
담장위로 기어올라 왔다가
남은 생 아랑곳 않고 투신하는
능소화의 호기심을 아시는지요?

담 너머 세상 구경을 못해서
독기어린 마음을 품고 있다가
제 할일 하지 않고 행여 쳐다보는 사람
눈을 멀게 하기도 한다지만

제 스스로 세상구경 하려다가
멀쩡한 일생인데도
목숨 줄을 놓는 저 능소화의 고집을
그대는 아시는지요?

들국화는 없다

들국화는 없다

구절초
개미취
벌개미취
쑥부쟁이는 있어도 들국화는 없다

산국 감국 해국
지천에 즐비한데
들국화는 없다

소담한 가을 들녘
구절초개미취벌개미취쑥부쟁이산국감국해국
제 이름 뽐내며 이슬 머금은 꽃은 있어도
들국화는 없다

망초 보고도 들국화라 우기곤 했어도
들국화는 그 어디든 없다

폭염주의보

산골마을 전봇대 꼭대기
허름하게 매달린 스피커가
폭염주의보를 발령한다

이장님 목소리 닮았을까
더위 먹은 막걸리를 마셨는지
목소리가 걸쭉하다

전봇대 끝까지 올라가도
바람 한 움큼 불지 않는데도
스피커는 제 소임을 다하기 위해
더위도 피하지 못하고 매달려
쉰 목소리로 외쳐댄다

참깨 대궁이도
대피명령을 따르고 싶은지
전봇대를 향해 하얀 거품 물어도
동네 사람들은 코빼기도 안 보인다

나팔꽃

벌초하러 갔더니 묏자리가 보이지 않았다
자리는 맞는데 확신이 들지 않았다
칡넝쿨이 무성하게 우거져 하늘까지 가렸다
작년에는 없었는데 어디에서 이사를 왔을까
이른 봄부터 뿌리를 내리고 자리 잡은 칡넝쿨들
하늘을 가리겠다고 닥치는 대로 줄기를 뻗쳐
접근조차 못하게 에워싸고 있었다
매년 벌초를 하지만 올해처럼 무성한 적은 없었다
예초기에 시동을 걸었다
굉음이 앞산 뒷산까지 울려 퍼졌다
벌초를 한다는 신호를 사방 천지에 보냈다
낫으로 작업하던 시절에는
하루 종일 작업을 했어도 표시도 나지 않았었는데
예초기로 작업을 시작하자마자
칡넝쿨 속에 숨었던 묏자리가 금방 나타났다
할아버지께 죄송한 생각도 들었다
안도의 한 숨을 내쉬며 땀을 닦고 있는데
묏자리 아래쪽에서 나팔꽃 한 송이가 올라오고 있었다
힘들었던 순간이 사라지고

나팔꽃을 보는 순간 피로도 풀렸다
잔풀더미에 의지한 채 피어 있는 저 나팔꽃

저도 꽃이라고 하늘을 향해 기어 올라가는데
태생이야 무엇이든 칡넝쿨처럼 살고 있었다
내년에는 나팔꽃이 묏자리를 덮어줄까
묏자리가 꽃자리가 되었으면 좋겠다는 생각으로 일어서는데
할아버지가 발목을 덥석 잡았다
하마터면 술잔도 올리지 않고 그냥 하산할 뻔 했다
자주 찾아뵙지 않았다고 꾸짖는 것 같았다
칡넝쿨이 싫다고 나팔꽃을 심었을 것 같았다

너와 나
— 운명 · 1

너와 나
하나라 했어

늘 함께 있어야
제 모습 갖춘다 했어

더러는 짝을 잃는 경우가 허다하여
손을 꼭 잡고 있어야 된다고 하지만

이별이 아니라면
각각 제 모습 지키는 일도
인생인 것을

너와 나
볼트와 너트의 운명인거야

너와 나
— 운명 · 2

너와 나 함께 할 운명이라면

몸과 맘이 하나가 되어야 해

몸과 맘이 하나가 되기까지

부단한 노력이 있어야 해

몸 따로 마음 따로라면, 언젠가는

헤어짐이란 병을 앓게 되는 것

너와 나
일심동체로 살고 싶다면

용접을 하면 되는 거야

외출

번개탄 피워서 가리비 구워먹던
방파제가 생각나, 해질 무렵
추억으로 남겨 놓은 그 방파제로
더위를 안고 찾아갔다
해일이 다녀갔는지
군데군데 해초들이 널브러져 있었지만
인기척 드문 어촌이라
아직도 가리비를 구워 먹을 자리가 많았다
낚싯대를 드리워 놓고 세월도 낚고싶었다
바늘대신 그물망을 달고
고등어 토막하나 달아서 바다에 던지면
고기가 아니라 게가 잡히겠지만
낚싯대 대신 전화기로
잊혀져가는 이름 하나 낚았더니
번개탄 연기에 질식한 목소리가 들렸다
파도를 따라온 어둠이 방파제를 찝쩍거렸다
되돌아오는 길
가리비가 된 둥근달이
방파제를 지키고 있었다

제5부
불빛 세상

구름의 정체

탱크가 염포산을 넘어 몰려온다
소음하나 없는 고성능 탱크 앞에
계곡도 우거진 수풀도 맥없이 쓰러진다
疾風怒濤다

어릴 적 원두막에 앉아 있으면
벌판을 가로질러 진군해 오던 탱크가 생각난다
삽시간에 덮쳐버린 어둠에 오들거리다
거짓말같이 뙤약볕에 밀려날 때면
환영의 손을 흔들며 흘린 땀을 닦곤 했다
한순간에 시야에서 사라져버린 그건
신기루였다

지금도 탱크는 독불장군이다
태화강을 따라온 탱크가 염포산을 넘어와
공장까지 장악하고는
감쪽같이
동해 속 요술램프 속으로 숨어버린다
숫자를 세던 뉴런 몇 가닥만 바빴을 뿐이다

울기등대 · 2

눈에 불을 켜면
남지나해가 보일까,
오호츠크 해가 보일까,

오대양을 누볐던 식구가
고향으로 돌아오길 기다리는 밤
혹시라도 길 잃고 헤맬 식구들이
제 집 찾아오라고
눈에 불을 켜고
수평선만 바라보고 있는

주저앉아 쉬지도 못하고
제 모습 나타낼 어둠이 오기까지
정말 외롭게 서있어야만 하는 운명
어느 누구도 원망하지 않았다

대왕암 파도소리가 유일한 친구였다

牙山 12주기 추모식 날

고인에게 묵념을 올렸다

끼니 걱정 덜고 두 다리 쭉 펴고 살아가는 요즘이지만 생전 업적에 대해 마르고 닳도록 들어 저절로 고개가 숙여 졌다

점심시간이 되어 안전장구를 벗지도 않은 작업자들이 현장 일을 마치고 옹기종기 모여앉아 점심을 먹는데 프로펠러 설치 작업용 족장 위에 올라가 작업자들을 격려하는 사십여 년 전의 牙山의 모습, TV 모니터에 흑백영상으로 방영되었다

사람목숨 소중하다하여 안전사고를 줄이기 위해
시도 때도 없이 안전타령인 요즘인데
안전장구도 착용하지 않고 올라간, 아산의 모습

흑백영상 속의 한 장면으로만 기억해야 하나.

야간 조명등

인적이 줄어든 운동장
어둠을 밝혀주는 조명등이
외로움에 부들부들 떨고 있다

함성을 질렀던 사람들이 떠나면
하루를 접을 터인데

밤이 되면서부터
바닷바람이 흐느적흐느적 들어앉고
산바람도 이슥하게 뛰어오고
동리를 한 바퀴 돌고 온 바람도
빈자리에 끼어들면 바람 때문에
눈을 감지 못하는 조명등

스스로 어둠을 택하지 못해
속상해도 소리도 지르지 않는다
좀처럼 불편한 내색도 하지 않고 서있다
오직 제 소임만 다하면 된다고 서있다

바람 때문에 추워도
빛으로만 항변하며 서있다

승자 없는 전쟁

국지성 호우가 잦아
비오는 날이면 일손을 멈추었던 작업자들이
잠시나마 비가 그쳤다고 일을 서두르는데

때를 기다린 듯 해무가 엄습해와
TOWER 크레인과
JIB 크레인과
GOLIATH 크레인과
급기야는 DRILLSHIP까지 잡아먹으려 했다

눈앞은 삶의 전쟁터였다
아무것도 보이지 않아 당황하는 작업자들이지만
TOWER 크레인을 묶고
JIB 크레인을 고박하고
GOLIATH 크레인을 피신시키고
DRILLSHIP까지 피항시키며
해무에게 잡아먹히지 않도록
사력을 다해 해무와 싸우고 있었다

해무와 작업자들은
승자 없는 전쟁을 벌이고 있었다

회식

오랜만에 노래방에서
친구들과 노래를 부르다가
평소와는 달리 애창곡을 부르지 않고
"갑돌이와 갑순이"를 불렀다

문명에 지친 일상이
어두컴컴한 실내에 쳐박혀
이따금 휴식을 취한다고는 하지만
한 소절 부르고나니
옛 시절 생각이 뭉글뭉글 솟아올랐다

갑돌이가 달을 보고 울었다는데
달이 떴는지 궁금하여
노래방 밖에 나와 빈 하늘을 쳐다보지만
달도 갑순이도 보이지 않는 어둠뿐이었다

그날 밤은
귀가를 했어도 옛 시절 생각에
밤을 세고 말았다

그늘

금연정책 때문에
건물 밖에 나가 흡연을 한다

흡연 장소가 마땅치 않아
땡볕아래에서 흡연을 한다

아버지는 들일을 하시면서도
나에겐 원두막 그늘을 만들어 주셨는데
나는 흡연을 하면서
자식들에게 그늘을 만들어 주지 못했다

아버지가 그리워
담배를 피워 무는 것 같다

방어진행 노선버스 1004

이른 새벽부터 늦은 밤까지
栗理 防禦陣 사이를 오가는 천사
수많은 사람들을 태워다주고 태워오는 천사
오늘도 주어진 길 벗어남이 없었지

평소에는 천사가 있어도
천사의 품에 안겨볼 겨를도 없었지만
친구들과 모여 술이라도 한 잔 마시다가
늦은 시각에 귀가를 할 때라야
천사에게 몸을 맡길 수 있었지

사람들이 많을 때는
천사의 품에 안기기가 무척이나 어렵지만
오늘은 천사의 품이 여유가 있어
쉽게 안길 수 있었지

천사의 품에 안기면
운전대를 놓을 수 있고
태화강 하구언도 바라볼 수 있고

빌딩숲 사이로 새어나오는 불빛과
먼 바다에서 깜박이는 불빛까지 세어 볼 수 있어서

오는 동안 천사의 품은 참으로 편안하고 아늑하지

가끔이지만, 정말 가끔이지만
시내에 나갔다가 천사에게 몸을 맡기는 날
뻐얗게 뒤집어 쓴 먼지를 씻고 나서야
비로소 천사의 품에서 벗어났음을 깨닫곤 하지

성원 쌍떼빌 113동 1202호

전망이 좋은 편은 아니나
바다가 보이는 집이다

낮에는 지붕꼭대기에다가
크레인 꼭대기만 보이지만
밤이면 제법 구색 갖춘 풍경이
유리창을 두드리는 집이다

늦은 밤
베란다 창가에 서서
담배 한 모금 들이키면
바다는 자기에게 신호 보내는 줄 알고
여기저기서 불빛을 깜박대며
신호를 보내주는 집이다

바다는
나에 대해 전혀 모르면서
불빛을 보내지만
나는 바다를 안다고 불빛을 보내는 집이다
놀러 오실래요?

병 주고 약주기

옥류천 골 따라 산행을 하는데
나무뿌리가 앞을 막았다
불 다람쥐가 자주 출몰했다는 동리여서
입산금지 팻말을 앞세우고
산에 오르지 말라고 하는 것 같았다

미끄러운 길
붙잡을 만한 것도 없는데
결국은 나무뿌리에 걸려 엎어지고 말았다
흙 묻은 손을 털고 무릎을 털고서
무안함도 잠시 뒤로하고 다시 산행을 했지만
하산길이 더 염려스러웠다
잘못하다가 엉덩방아 찧을 일이 분명했다

조심조심 내려오다가
나무뿌리에 걸려 엎어진 곳에서는
다행스럽게도 나무뿌리가 미끄러지지 않게
돌다리처럼 발을 잡아주었다

나무뿌리가 병 주고 약 주었다

앉은뱅이 재봉틀

작업이 많아서
작업복을 주로 입고 살았지만
퇴근길 백화점 앞을 지나다가
빅 세일이란 단어에 현혹이 되어
여름바지를 샀다

옷이란
폼을 잡거나 과시를 하기 보다는
가리는데 필요하고
추울 때 얼지않게 하고
일할 때 몸에 상처생기지 않게 기능성이
본능적으로 더 필요한 것

마른장마가 두 달간 지속되어
유난히도 푹푹 찐 올 여름
엉덩이에 땀띠가 생겨
숨도 쉬지 않고 여름 바지 한 벌 샀다

기장을 줄여야 하는데

재봉틀이 없다
앉은뱅이 재봉틀만 있어도

손수 기장을 줄일 수 있으련만

옷이 떨어지면
앉은뱅이 재봉틀로
옷을 기워주시던 어머니 모습
아롱삼삼 떠오른다

그립다
먼지 앉은 앉은뱅이 재봉틀.

미니 수영장

배영선수를 배출했다
배영선수를 배출하리라곤
상상도 하지 못했다

접영이나 자유형 선수는
심심찮게 배출을 했으나
배영선수가 배출되기는
생에는 첨이지만

주말 저녁이면
수영장에 관중이 모여
배영경기를 관전 한다

관중이 많으면
배영선수는 신이 나서 수영을 하지만
관중이 돌아가면 잠수를 한다

주말마다
두어 평도 안 되는 미니 수영장에
한숨 섞은 응원가가 울린다

급커브 주의

해안도로 따라 운전하다가
슬쩍 바다를 바라보았더니
달이 둥둥 떠 있었네

구름더러 달을 지키라고 했는데
구름이 딴청 피우는 사이에
바다에 빠져버린 모양이네

굽을 길 돌아가는 사이에
달을 잃어 버렸네
역시 급커브는 주의를 하면서
돌아야 하네

詩句를 생각하다

가을야구가 삼천리를 흔들었다
지구가 들썩거렸다

남자 대통령이 시구를 했고
걸 그룹 스타가 시구를 했고
개그맨이 시구를 했고
다른 운동선수도 시구를 했고
여자 대통령까지 시구를 하는
가을 야구

겉으로는 평화로운 시구지만
시구자를 선발하기 위하여
어느 누군가는 고민을 했을 테고
눈치도 봤을 거고 군중도 생각했겠지만
어느 누군가는 DMB를 보기도 하고
총알 퇴근을 하여 TV도 봤겠지만

가을야구에 도취되어 가면서
나도 詩句에 대해 고민을 한다

책상 위에 널브러진 메모지 위에서

치고 달리는 詩句를 생각한다
슬라이딩과 더블플레이하는 詩句를 생각한다
안타와 홈런을 꿈꾸는 詩句를 생각한다

식탁 등의 비애

식탁 위에 매달려 살던 전구가
맹인이 되었다

이사 온 날부터
삼시 세끼 뭘 차려먹나
매일매일 식탐하던 그가
맹인이 되어버렸다

식솔들이 하나 둘 떠난 후
삼시세끼가 아니라
일주일 내내 밥상 차릴 일 없어지자
더 이상 지켜볼 것이 없다고 투덜대더니
결국은 맹인이 되어버렸다

제 목숨 다했는데
그냥 맹인인 척하는 것인지 속내를 모르지만

평화로운 어둠 속으로 돌아가
여생을 마친 전구가

죽음을 감추기 위한 것인지도 모르고
전구만 탓했다

■ 작품 해설

놀다 ; 생의 애환哀歡과 시의 해학諧謔 사이

— 박성규의 시 세계

■ 작품 해설

놀다 ; 생의 애환哀歡과 시의 해학諧謔 사이

— 박성규의 시 세계

백인덕 (시인)

1. '놀이' 로서의 시, 또는 시작詩作

이름이 지워졌다고 존재가 사라지는 것은 아니다. '예술지상주의', 백과사전에서나 찾아볼 수 있을 것 같은 이 괴물도 명칭과 형상을 바꿔 쉼 없이 여기—지금 출몰하고 있다. '시' 라는 장르에서 결코 깨질 수 없는(왜냐면 그것이 깨진다면 정의 자체가 무의미해지기 때문이다) 트라이앵글은 '시인—작품—독자' 의 삼각형이다. 이 삼각 구도는 우리를 불안하게 한다. 꼭짓

점이란 어느 하나가 상위의 지점에 위치해야 된다고 느껴지기 때문이다. 그런데 기실 이 꼭짓점은 그 자체로 최상이면서 동시에 든든한 밑바탕이 된다. 서구의 고대 어느 철학자가 '진—선—미' 를 강조했지만, 오늘 우리는 이렇게 읽는다. '진실은 그 자체로 선하므로 아름답고, 아름다움은 선한 것이므로 진실하고, 선은 진실하기에 아름답다' 고. 이마저도 오늘의 상황과는 부합할 수 없는 여러 독단을 내포하고 있지만.

'시' 와 '놀이' 를 곧바로 결합한다면, 필자는 유쾌한 기분으로 그 시를 읽고, 까발리고, 어둑한 창고에 던져버릴 것이다. '놀이' 는 '규칙의 생성' 과 '자발적 참여' 라는 두 가지 특성에 의해 우리에게 즐거움을 준다. '규칙의 생성' 이란 변형과 합의의 정신이다. '자발적 참여' 란 '무목적성과 비강제성' 을 의미한다. 이제 '시' 는 놀이가 될 충분한 여건을 갖췄고, 실제 이 순간 저기—여기에서 흥겨운 '시—놀이' 판이 벌어지고 있다. '놀이' 가 아니라 '놀다' 라고 쓴 것은, 축어적 의미의 제 2의 어의語義가 박성규 시인의 작품세계를 반추할 수도 있겠다싶어서였다. 일반적으로 '놀다' 는 "놀이나 재미있는 일을 하며 즐겁게 시간을 보내다" 라는 대표 의미로 설명된다. 그 다음은 "드물어서 귀하다" 라는 뜻을 갖는다. 필자의 이분법은 '관념어/일상어' 가 아니라 '비시어/시어' 일 것이다. '언어' 는 우리의 삶을 전부일지 모르지만, 시어는 시적으로 특수한 기능을 하는 언어로 특정된다.

이번 작품, 『오래된 곁눈질』에서 확인되는 박성규 시인의 시적 장치는 '아이러니' 가 주를 이룬다. 굳이 세분하자면, '약화된 아이러니' 라 할 수 있다. 일반적 사실이지만, '아이러니' 란 표면적 진술과 함축된 의미가 상반된 의미를 형성하고자 할 때 사용되는 수법이다. 그러나 이런 어휘적 정의를 너머서면, '아이러니' 는 그 영향의 강도와 범위에 따라 무한대로 차별화될 수 있다. 박성규 시인의 다음과 같은 작품에서 이를 확인할 수 있다.

두어 달 불볕더위 속
간신히 내린 소나기로는
입술 적시기도 부족한 날

감칠맛 나서 욕을 해대었더니
분을 삼키지 못한 구름이
몇 며칠 울어버렸네

—「장마」 전문

전언은 간단하다. 가뭄에 비가 내리길 원한다는 것. 그런데 일반적 사실, 기존의 비는 즉 '입술 적시기도 부족한' 이 '대지' 라고 특정되지 않는다는 점, 아니다, 감정이입으로 읽기에는 복잡한 층위가 있다. '나+대지/너+구름' 이라면 시적 화자는 어디에 있는가? '울어버렸네' 라는 표현은 이 대립을 보다 상위의 층위에서 관찰하는 자가 쓸 수 있는 표현이다. 변형의 가능성이 없는 수법은 그것이 교과서에 실리는 순간, 죽는다. 이 거부할 수 없는 사실로부터 우리는 '자기변형' 을 기획한다. 놀이를 지루하게 느끼게 되는 것은 두 가지 이유 때문일 것이다. 하나는 '규칙' 을 바꾸지 않을 때, 다른 하나는 등장인물이 한결같을 때 일 것이다. 나는 의심한다. '시적 의장' 은 시를 시답게 하는 것이 아닐까? 정신이라는 것이 있다면 거기에 걸 맞는 옷차림이 아니라 그 누가 봐도 수긍할 수 있는 계단의 흔적이라도 있어야 하는 것이 아닐까? 이렇게 생각해 본다면, 이 글은 박성규 시인의 숨겨진 '시적 의장' 을 찾아내려는, 한 시도가 될지도 모르겠다.

2. 나는 망설인다. — 생의 '애환' 인 미결정의 시학

근 80여 편에 이르는 박성규 시인의 이번 시집 『오래된 겉눈질』은 다섯 개의 방향을 향해 갈무리 되어 있다. 시인은 자서에서 "여덟 번째 고개를 넘는다/마지막이 언제일지 모르지만/순간순간/그저 최선을 다하며/살 뿐이다" 라고 밝히고 있다. '고개' 는 아름다운 것이지만, 이를테면 '사막' 과 같은 것이 아니어서 쉽사리 '중심' 을 향해 자기를 투여하게 하지만 실상은 신기루처럼 사라져버린다. (사족이지만) 아니었으면 좋겠지만, 필자는 시인의 지금까지의 시를 읽게 되었다, 덧붙여 몇 개의 시 세계를 규정하는 시적 정의와 그 정의로움도 알게 되었다. 비극이었다, 시인은 중심에 서 있으려 하나, 아니다 중심이 무엇인지 모른다고 말한다. 그러나 중심은 그 언표를 빗나가는 지점에 확실하게 서 있다.

> 영혼을 비워낸다
> 쭉정이가 되기 위함이다
> 쭉정이를 버리면
> 빈 쭉정이가 될 거라고 생각했다
>
> 비워내는 일도 힘겨운 일
> 비우면 채울 수 있다는 공식 앞에서도
> 채울 수 있는 기회나 능력이 없다
>
> 쭉정이는 쭉정이 일 뿐이다
> 신문지상에서 활보하는 활자도
> 결국은 쭉정이 모습을 재현해 낼 뿐,
>
> —「脫穀」 부분

이 작품은 조금 당혹스럽다. 시는 영혼과 정신과 마음과 몸의 결합이 언어라는 매체를 통해 결정화 될 때 형성되는 의도할 수 없는 그 무엇이라 배운 놈에게, 이 시는 당혹스럽다. "영혼을 비워낸다/ 쭉정이가 되기 위함이다"라는 선언은 존재적 결단, 아니 그 보다 작게라도 자기 변혁의 결심을 내포한다고 읽힌다. 그러나 시인은 곧 '쭉정이'의 고통을 말하면서, 결국 '쭉정이는 쭉정이 일 뿐이다'라는 자기 확인을 시적 명제로 들려준다.

'시적 명제' 를 생성하는 것이 문제가 아니라, '시적' 이란 시 다운이란 함의 아래 사용된다. 결국 하나의 시적 명제란 그것이 미학적 명제인 가를 되 물어야하는데, '쭉정이는 쭉정이 일 뿐이다' 라는 시적 명제 앞에서 난 무슨 감동을 느껴야 하는지 혼란스럽다. 그냥 '쭉정이는 쭉정이 일 뿐이다' 라는 사실을 환기하는 전언을 내가 왜 또 들어야 하는가. 사실에 대한 이해는 충분하고도 남는다고 필자는 믿는다. 시인은 모든 것이 아름답거나 허용될 수 있다고 믿는 '자기자만' 에 빠진 것이 아닐까, 아니면 거기 '쥐' 가 살면, 여기 '쥐' 가 산다는 것을 잊은 것일까?

이번 시집의 구성은 '일상어' 가 시적 어휘로 만들면서 평소 박성규 시인이 가졌던 몇 개의 질문을 심화하는 것으로 구성 되었다. 생의 애환哀歡이란 애써 만든 것보다 저절로 생겨난 것이 대부분이다. 이 부분을 시적으로 형상화하고자 할 때, 우리는 가족(이번 시집에는 잘 보이지 않는다), 또는 종교의 형상을 통해 자기 바람을 그려낸다.

그래도 그것은 이유가 못된다
누워있는 것인지 잠들어 있는 것인지
해탈한 것인지도 모르는 지금

옆에 나란히 누우면
그 이유를 알 수 있을까

—「운주사 와불 · 2」 부분

누군들 '운주사'에 다녀와 보지 않았을까. 이 간단한 경험(?)으로 사람들은 시인과 견딜 수 없는 동질감을 느끼게 되지만, 사실 거기는 아무 것도 없었던 것이다. 만약, 시인이 자신의 어휘를 다 동원해 그 정경을 그대로 모사하게 되더라도, '외불'은 거기 있었던가, 나아가 거기서 '시'를 썼더라도 그것이 그 '와불'인가, 시인은 보증하는가? 왜 필자가 그 보증을 믿어야 하는가?

알 수 없는 무름이 끝없이 지속된다.

박성규 시인은 "옆에 나란히 누우면/그 이유를 알 수 있을까"라고 묻는다. 시의 일부만 인용했지만, 천 탑 천불이 다 세워지면 후천개벽이 일어나, 우리가 함께 더불어 춤출 수 있는 세상이 열린다. 믿었던 그 믿음의 마음을 모를 리 없다. 그 마지막 조각, 이가 빠진 한 와불이 되어 눕겠다는 발상은 쉽지만, 또 간단하지 않은 시적 태도를 생각하게 한다.

소통하기 위한 우리 사이
羅濟通門이라도 뚫을까

시간이 얼마나 더 흘러야
소통이 원활해질까

—「羅濟通門」 부분

그런데 아쉽게도 시인은 일반적인 사유의 귀결 앞에서 멈칫댄다. '시간'에 기대기보다 '나 저기 걸쭉한 욕지거리라도 한

자락 배워볼까' 라는 어쩌면, 시인의 자기바람을 바라고 있는지도 모른다. 결국 시인이란 '나' 의 말을 하면서 '그들' 의 말을 대신해줄 수 있는 용기가 필요하다는 것이다. 그것은 시인이 '싸면' 이었던 그 오래 전부터 요청되었던 하나의 자질이다. 오늘 우리가 시인에게서 그저 앵앵거리는 소리만 듣는다면, 앵무새를 들여놓고 아침, 저녁 울게 만드는 것과 무엇이 다른가, 이것은 내 말이 아니다. 허균의 말이고, 제임스 조이스의 말이다.

박성규 시인의 미덕은 결코 작지 않다. 음성을 이용한 의미의 차이 놀이, 이것을 시작법상 말 재롱, 그러니까 'pun' 의 일종이라고 보는데, 첫 번째 목표는 즐거움에 있고, 두 번째 목표는 웃음 뒤의 서늘한 깨달음을 노려 사용하는 수법이다.

> 옹자배기에 발 담그고 서 있는
> 연,
>
> 무릎까지 물 찰 날 기다리며 힘겹게 서 있는
> 연,
>
> 풍경소리에 눈 흘기며 고개를 흔들어 보는
> 연,
>
> 법당 앞 水蓮이 修練중

—「수련」 전문

시인의 아이러니의 정신은 이 시를 통해 극화된다. '연' 발음과, '수련' 의 동음이의어가 그렇다. 그러면 여기에 시인의 감성은 어디에 있는가? 시인은 멀리 있다. '수련' 은 일상어지만, 일상에 함몰하지 않으려는 정신의 시어이기도 하다. 다른 것은 어떨까? 일상어가 시어가 되는 것은 맞지만, 모든 일상어가 시어가 되지 않으며, 그 어떤 시어도 시적 의미에 종속하거나 배척하거나 제 나름으로 살고자 한다. 아니면 행복한 사람을 만나는 것 외에 도리가 없다. 이 시를 해석할 생각이 없다, '일상적 어휘' 는 이미 시적으로 차용된 다음, 그 앞머리 '일상적' 을 잃는다. 그 다음에 부여되는 특질이 '시적—' 이 된다. 일상어를 시어로 차용한다는 식의 이해는 불가능하다. 단언컨대 필자는 삶을 위해 사용하는 모든 어휘로 시를 쓴다. 결국 시에서는 '시어/비시어' 의 대립항만 성립될 뿐, 다른 비교 항은 의미를 잃는다. 다음 시를 보자.

수양버들 듬성듬성 서 있는 가로수 사이로
검정고무신을 신고 걸어갔던 길

합승버스가 지나갈 때마다
뽀얀 먼지를 덮어 쓰면서 걸어갔던 길

찬바람이 씽씽 불면 바람피할 곳이 없어서
자라모가지를 만들고선 뒷걸음로 걸어갔던 길

움푹 팬 웅덩이를 피하기 위하다가
之자로 걸어갔던 길

빈 도시락 소리를 숨겨 가면서
소달구지 꽁무니를 따라 걸어갔던 길

반딧불 따라 걷다가 뛰다가
도랑을 뛰어 넘어서까지 걸어갔던 길

봄이면 코스모스 모종을 심어서,
가을이면 꽃길이 되어서, 걸어가 못했던 길

아스팔트 포장을 하고 난 후는
자전거를 타면서부터 걸어가지 못했던 길

노선버스가 생겨서
더 이상 걸어가지 못했던 길

이미 내가 살지 않는 곳이라
걸어가지 못하는 길

꿈속에서나 생각하고
꿈속에서나 걸어갈 수 있는 그 길

쉽게 버려진 시간 속에 버려버린
35번 국도의 한 토막 길

—「국도 한 토막을 생각하다」 전문

시인은 하나의 '자기 표상'을 위해 너무 많은 시어를 사용하고 있다. 산과 들에서,(인식은 아닐 것이다, 감지거나 감각적 지각, 혹은 꽃 이름 따위를 아는 지식일 것이다) 안타까웠던 점은 '우주를 이해하기 위해 온 우주를 가득 채울 만큼의 정보가 필요한 것은 아니다.' 라고 말한 아인슈타인을 상기해보라 권하고 싶다. 추억의 결절들을 시집 곳곳에 이미 배치해 놓았는데, 독자에 대한 과도한 친절일 것이다.

3. 시의 해학諧謔을 위하여

아이러니의 정신은 은밀한 불편함에서 비롯한다. 박성규 시인은 이를 「에밀레」, 「장염」과 같은 작품을 통해 보여주지만, 아무리 생각해도 최고의 압권은 다음의 작품 한 연이다.

끼니 연명이 어려웠던 시절, 남의 집 눈치 본다고 일부러 아궁이에 불 질러 대기도 했다는데 오늘 피어올랐던 저 연기, 쇠죽을 끓여서 피어올랐을까, 군불을 지펴서 피어올랐을까, 돼지불알 소불알 삶고 있었을까,

—「보물찾기」 부분

군말이 필요 없는 아름다운 시다. 표면적 이해를 위해 누군가 (후세대겠지만) 인과를 묻는다면 그저 설명하면 뿐이다. 박성규 시인이 나를 때렸던 부분들을 모아본다. 이것은 아이러니의 결정이었고, 어쩌면 아직 내가 읽어내지 못한 역설의 큰 전범일지도 모르기 때문이다.

대머리는 아니라 해도 남아 있는 머리카들 저 산에서
살아남기 위해 안달하는 나무 같다

—「식목일」 부분

이 작품은 아무리 봐도 비유적으로 씌여졌는데, '머리털' 마저 기존 작품 해설에서는 존재의 상실감으로 읽으니, 어쩐다. 삶을 잃어가는 상상이라면 놀라울 일도 아니다, 해학諧謔이란 무엇인가? 웃고 즐기는 것인가. '난고蘭皐' 를 만나는 작품에서 시인은 이 궁금증에 대해 한 가닥 바람을 불어준다.

좁은 골짜기를 헤치고 나온 詩들
동강동강 잘려 나가 흐르는 詩들
난고가 삼천리를 떠돌며 내뱉었던 詩들
바람에 하늘거린다
잎사귀를 떨구는 코스모스 꽃등에 올라앉는다
질펀하게 흘러가는 강물에 휩쓸린다

—「영월에는」 부분

시원하다, 그러면서 동시에 시원찮다. 여기에는 '난고' 의 방랑의 원인, 즉 버림으로써 잃어버리지 않는 것, 릴케는 '고향을 잃어본 자 만이 고향 없음에 다다를 수 있다' 고 했다. 박성규 시인이라는 못이 너무 깊어서 난 제 얼굴조차 비춰보지 못하는 것일 수도 있다.

시는 왜 언어가 아닌가? 필자는 '랑그' 외 '파롤' 을 나눠 쓸 줄 알고, 그리하여 '언어' 가 아니라

'시어' 라는 협의 속에 가둬두려 한다. '언어' 는 존재론적 질료고, '시어' 는 미학적 질료다. 시멘트로 빵을 굽는 어리석은 일들이 오늘 여기—지금 얼마나 자행되고 있는가?

나는 왕이었다
출신성분을 보라
분명 성골성분 후손이다
그런데도 내가 왕인 줄도 모르고 살아가고 있다
역사 속에서 신문왕을 만나고 문무왕을 만나도
그들이 다녔던 그 옛날 길이 아닌
지금 내 앞의 길
왕의 길
지금 나는 왕이 되어 길을 걷는다
나는 왕이다

—「왕의 길」 부분

시인의 '왕의 길' 은 '자존自尊' 의 길 이었음을 바란다. 자존은 '자신(Self)' 을 뼈저리게 이해했을 때, 또는 하고자 분투하고 있을 때 주어지는 하나의 찬사讚辭에 지나지 않는다. 시인은 이 이름마저 '虛名' 이라 걷어차겠지만.

낙동이란 이름표를 달고 흐르는
흐르는 강이 있다.

구상문학관 사랑방에 앉아
한 때는
구상시인이 멱을 감았을 거라고 추축하면서
을숙도 철새 구경하러 강물을 본다.

—「오래된 설눈질」 부분

여기 "을숙도 철새 구경하러 강물을 본다." 처럼 시인의 딴지가 내내 눈물겹도록, '허 이놈이' 하셨던 구상 선생님 미소를 닮은 박성규 시인의 미소를 내가 볼 수 있도록, 열심히 노시라, 그 놀이터가 허전하고 늘 그립도록 시인이시여, 즐거워하시라!

이 도서의 국립중앙도서관 출판시도서목록(CIP)은 서지정보유통지원시스템 홈페이지(http://seoji.nl.go.kr)와 국가자료공동목록시스템(http://www.nl.go.kr/kolisnet)에서 이용하실 수 있습니다. (CIP제어번호: CIP 2014006474)

포엠포엠 시인선 005

오래된 곁눈질

박성규 8시집 · 2014

초판 1쇄 인쇄 2014년 2월 25일
초판 1쇄 발행 2014년 2월 28일

지은이 박성규
펴낸이 한창옥 배성국
기획위원 고운기 이문재 이영광
펴낸곳 Publishing Company POEMPOEM 계간 포엠포엠

출판등록 25100-2012-000083

본 사 서울시 송파구 잠실로 62 트리지움 308동 1603호 (138-890)
편집실 부산시 해운대구 마린시티 3로 37 한일오르듀 1322호 (612-824)
출간 문의 010-4563-0347 FAX. 051-911-3888
메 일 poempoem@hanmail.net
카 페 http://cafe.daum.net/sipoems/

제작 및 공급처 산업디자인전문회사 두손컴

정가 10,000원

ISBN 978-89-969275-4-9-03810